AF185682

für Wolfgang Schnee

Claudia Sperlich

Gut Nacht

Variationen
über ein Abendlied

© 2016 Claudia Sperlich
Verlag: tredition GmbH, Hamburg

Einband: Bearbeitung eines Photos von José
Eugenio Gómez Rodríguez: Siluetas sobre la luna.
Rechte beim Photographen. Creative-Commons-
Lizenz.
https://commons.wikimedia.org/wiki/File:Siluetas_
sobre_la_luna.jpg
https://creativecommons.org/licenses/by-sa/4.0/
legalcode

Paperback 978-3-7345-8121-2
Hardcover 978-3-7345-8122-9
e-Book   978-3-7345-8123-6

Printed in Germany

Irgendwann begann ich, auf facebook Gute-Nacht-Grüße zu hinterlassen – nicht allzu ernste Fingerübungen mit ein bis vier Strophen, die meist mit den Worten „Gut Nacht!" beginnen und immer singbar sind auf die Melodie „Der Mond ist aufgegangen" (bei trüber Stimmung: „O Welt, ich muss dich lassen").

Sie fanden Anklang bei vielen Freunden, und ich wurde mehrmals gebeten, sie herauszugeben.

Kurz vor Ostern 2016 schrieb ich:

> Gut Nacht! Die lyriktollen
> Facebookianer wollen
> Ein Bändchen „Gute Nacht".
> Dann sollen sie's halt kriegen!
> Doch noch muss Zeit verfliegen -
> Geduld! Es kommt zur Heil'gen Nacht.

Das wurde sofort kommentiert: *Erst? (schmoll)* – und ich legte nach:

> Nur ruhig! Es kommt beizeiten,
> Doch sinds erst dreißig Seiten,
> Und das rentiert sich nicht.
> Auch rechnen muss ein Dichter!
> Ach, Geld ist ein Gelichter -
> Doch Weihnacht, wie du weißt, ist Licht.

Ja, und hier ist es nun. Deutlich mehr als dreißig Seiten, kurz vor Weihnacht 2016. Lesbar auch im Sommer.

Gut Nacht, ich geh jetzt schlafen
Und träum von schwarzen Schafen
In diesem schönen Land.
Wenn Korrektoren toben,
Herr, wirf vom Himmel oben
Ein kleines bisschen mehr Verstand.

Wie wär die Welt so stille,
Wär nur nicht diese Fülle
Von törichtem Geschwätz!
Ach, daß es doch verklinge!
Du Schöpfer aller Dinge,
Bewahr vor Krach uns auch im Netz.

Sei meinem Lektor gnädig,
Und mach ihn los und ledig
Von Besserwisserei.
Lass ihn die Grenzen sehen,
Die ihm im Wege stehen,
Und mache mich vom Vorwurf frei.

Gut Nacht, ihr Lieben alle!
Ich geh jetzt in die Falle
Mit einem Kommissar,
Der lebt in einem Buche,
Und ist grad auf der Suche
Nach einem alten Gaunerpaar.

Herr Kluftinger, der Gute!
Wie ist mir wohl zumute,
Lieg ich mit ihm im Bett!
Vielleicht auch werd ich wagen,
Persönlich das zu sagen.
Vielleicht schreib ich ihm ein Sonett.

*

Gut Nacht, ihr lieben Leute!
Ich mache Schluss für heute,
Werf mich aufs Bettgestell.
Schon wartet meine Katze
Und wärmt mir die Matratze
Mit ihrem schwarzen Seidenfell.

Jut Nacht, jetzt jeh ick poofen.
Bin heut so viel jeloofen,
Mir falln die Oogen zu.
Jott lass euch seelich pennen!
Bin froh, det wir Ihn kennen.
Ick wünsch euch allen jute Ruh.

*

Gut Nacht, ich leg mich nieder,
Und morgen komm ich wieder
Zur facebook-Vanitas.
In Gottes Hand geborgen
Schlaft ihr auch sanft bis morgen.
Auf Ihn allein ist ja Verlass.

*

Gut Nacht in Näh und Ferne!
Am Himmel funkeln Sterne,
Im Haus brennt Lampenlicht.
Es legt sich das Getue,
Ich lege mich zur Ruhe,
Bis mir ein neuer Tag anbricht.

Gut Nacht, ich will jetzt pennen.
Nach Geld und Gut zu rennen
Strengt nämlich ziemlich an,
Wenn mit dem Zahl'n von Schulden
Sich Schuldner sehr gedulden
Und man deshalb nichts kaufen kann.

So will ich lieber ratzen,
Betupft von Katzentatzen
In meinem warmen Bett.
Vielleicht, wenn ich jetzt bete,
Kommt morgen meine Knete.
Vielleicht auch wird das Wetter nett.

Doch wie es immer werde
Mit mir, mit euch, mit Erde
Und mit dem Himmelsbau:
Jetzt geh ich ohne Säumen
Erstmal ne Runde träumen.
Vielleicht werd über Nacht ich schlau.

Geh schlafen! Manche Fragen,
Die dich im Wachen plagen,
Gelöst sind über Nacht.
Beim Frühstück wirst du merken,
Wie Schlaf und Traum dich stärken,
Und wie der Geistesblitz erwacht.

*

Gut Nacht! Ein gutes Leben
War heute mir gegeben,
Nun ist der Tag schon alt.
So will ich bettwärts wanken,
Denn meine Kraft hat Schranken
Und früh um fünf der Wecker schallt.

*

Gut Nacht. Ich hätt jetzt gerne
Den Himmel voller Sterne
In lauer Sommernacht,
Ein Feld mit reifem Weizen...
Stattdessen muss ich heizen.
Macht nix, wenn nur der Herrgott wacht.

Gut Nacht! Trotz allem Streite
Leg ich mich auf die Seite
In Mond- und Sternenlicht.
Schlaft Ihr auch gut und lange
Und werdet nachts nicht bange,
Denn das gibt Falten im Gesicht.

Gedanken sind verheddert,
Der Tag hat Euch zerfleddert,
Und stressig war sein Lauf.
Wenn Arbeitstiere höhnen,
Soll Euch der Schlaf verschönen,
Und rosig wacht ihr morgen auf.

*

Gut Nacht! Ich wollt noch schreiben,
Doch lass ichs lieber bleiben,
Kommt eh nur Unsinn raus.
Ich wanke jetzt zu Bette,
Lass ruhn auch die Sonette.
Vielleicht wird morgen was daraus.

Gut Nacht, ihr meine Lieben!
Heut wird nichts mehr getrieben,
Heut wird nur noch geruht,
Bis morgen in der Frühe
Ich mir den Kaffee brühe.
Für heute: Schluss, und damit gut.

*

Gut Nacht, Ihr lieben Guten!
Noch einmal ein Vermuten,
Wo längst Gewissheit wacht -
Die Lyrik, unverhohlen,
Ist größtenteils gestohlen.
Dies sei mein letztes Wort zur Nacht.

*

Gut Nacht! Hab Ihr's vernommen?
Besuch ist angekommen -
Der Bruder von Freund Hein
Will mich ins Traumland senden
Mit Blaumohn in den Händen.
Schlaft Ihr auch sanft und friedlich ein.

Gut Nacht! Ich will mich legen
Zu Bett, mit Gottes Segen,
Das werdet Ihr verstehn.
Auf facebook und auf twitter
Legt sich nun das Gewitter,
Die meisten wollen schlafen gehn.

*

Gut Nacht! Ich grüß die Runde
Zu dieser späten Stunde
Und sink aufs Lager hin,
Und morgen werd ich sehen,
Ob über Nacht geschehen,
Daß ich ein bisschen weiser bin.

*

Gut Nacht! An diesem Tage
War ich mir selbst zur Plage,
Bin immer noch nicht klug.
Wenn Zwänge mich umklammern,
Hilft leider auch kein Jammern.
Jetzt isses aber mal genug.

Gut Nacht! Der Tag war heute
So einer, der mich freute.
Jetzt lege ich mich hin,
Lass ruhn die Schreiberhände,
Les noch ein Buch zu Ende
Und träum vielleicht von Ziel und Sinn.

*

Gut Nacht! Ich habe Schnupfen
Und will ins Bettchen hupfen,
Bis morgen mich kuriern.
Ich hoff, es wird gelingen,
Denn Sonntag muss ich singen,
Und will die Stimme nicht verliern.

*Hierzu schrieb Michael Künnemann auf facebook
eine so schöne Antwort, daß sie nicht unzitiert
bleiben soll:*

*So leg Dich denn zu Bette,
Wir beten um die Wette,
Bis Du genesen bist.
Der Herrgott mög' es schenken
Und gnädig an Dich denken,
Wie's allzeit schon sein Wesen ist.*

Die Mitternacht zog näher,
Gespräche wurden zäher
Und schliefen endlich ein.
Nun will ich selber schlafen
In meines Bettes Hafen,
Und morgen frisch und munter sein.

*

Gut Nacht, Ihr meine Holden!
Mög Euch der Traum vergolden,
Was immer Euch gegrämt.
Jetzt hüpf ich in die Federn
Und träum von Zions Zedern.
(Ich weiß, der Wunsch ist unverschämt.)

*

Gut Nacht! In meinem alten
Gesicht sind schon paar Falten,
Die hat der Tag gebracht.
Jetzt will ich facebook zügeln
Und meine Falten bügeln
In meinem Bette über Nacht.

Gut Nacht! Es hilft der Hüter
Der Welt nicht dem Compüter,
Wenn man ein Filmchen lädt.
Vielleicht soll ich stattdessen
Die Arbeit mal vergessen.
Das könnte sein, denn es ist spät.

Soll heut ein Werk gelingen,
Umgibt man sich mit Dingen
Auch ohne zu verstehn
Wieso sie funktionieren.
Ganz ohne zu kapieren,
Lernt man mit ihnen umzugehn.

Die Welt, die wir durchschreiten,
Und unsre wilden Zeiten
Sind voll von solchem Tand.
So sind auch manche Frauen –
Man kann getrost vertrauen,
Nicht minder haben sie Verstand.

(Pardon! Sind diese Worte
Am öffentlichen Orte
Politisch noch korrekt?
Darf ich mich selbst verhöhnen?)
Ihr müsst euch dran gewöhnen!
Ich bin politisch unbeleckt.

Gut Nacht! Schon ist es Mitter-
Nacht. Facebook und auch twitter,
Die wolln jetzt schlafen gehn.
Das Liken und das Faven
Hat jetzt ein End, ihr Braven!
Das wird man hoffentlich verstehn.

Mit einem kühnen Zeilen-
Sprung will ich weitereilen
Ins Bett, so federweich.
Nach all den Kommentaren,
Gelogenen und wahren,
Tauch ich nun in der Träume Reich.

*

Gut Nacht. Ich hab gedichtet
Und kaum was ausgerichtet
Zum Frieden in der Welt.
Nicht anders wird es morgen –
Doch will ich mich nicht sorgen.
Ist ja ein Größrer, der mich hält.

Gut Nacht, Ihr Wunderbaren!
Ihr kamt zu mir in Scharen,
Nur weil ich älter ward.
Der frohen Worte Blüte
Erwärmt mir mein Gemüte!
Habt Dank für Eure gute Art!

*

Gut Nacht! Ich hab zehn Stunden
Nicht einen Weg gefunden
Zu lösen ein Problem.
Nun bin ich arme Trulle
Vom Frickeln völlig stulle
Und Hunger hab ich außerdem.

*

Nun gute Nacht, Ihr Leute.
Was sind wir eine Meute
Von Schwätzern allzumal!
So flink sind unsre Münder –
Ach, wir sind arme Sünder.
Ab elf Uhr nachts ist das egal.

Gut Nacht! Hab Links gepostet,
Bin fast vor Gram verrostet
Ob dem, was drunterstand
An blöden Kommentaren,
Nicht witzigen noch wahren –
Gehässigkeit und Unverstand!

Ich geh zu Bett mit Knurren,
Doch meiner Katze Schnurren
Besänftigt mich zum Teil.
Die Welt und ihr Getöse
Ist – stimmt schon – ziemlich böse,
Doch Gott will trotzdem unser Heil.

Wer Zornmut in sich hätte,
Geh lieber still zu Bette –
Das sagt auch der Psalmist.
Die Schrift hat Recht, wie immer!
Im Schlafe zank ich nimmer.
Behüte mich, Herr Jesus Christ!

Die Nacht ist vorgedrungen,
Und was heut nicht gelungen,
Muss ich halt morgen tun -
Zwar Sonntag, aber wichtig
Und also trotzdem richtig.
Jetzt will ich aber wirklich ruhn.

*

Gut Nacht! der Schlaf mag lösen
Den Guten wie den Bösen
Manch lästiges Problem.
Der Weihnacht Näherrücken
Mag euch im Traum entzücken!
Schlaft sanft und friedlich und bequem.

*

Gut Nacht! Zwar ists noch frühe,
Doch habe ich schon Mühe
Mit der Gedanken Gang.
Vom Grummeln und vom Gähnen
Vergoss ich schon drei Tränen!
Jetzt geh ich schlafen, tief und lang.

Gut Nacht! Ich muss bekennen,
Mir ist grad fast nach Flennen,
Ob öffentlicher Wut.
Die Stunde hat geschlagen -
Das darf man wohl noch sagen -
Wo man, statt facebook, besser ruht.

Legt doch die Waffen nieder!
Das böse Wort kehrt wieder
Und wird zur bösen Tat.
Die giftgen Vorurteile
Vermehren sich in Eile,
Und keiner weiß dagegen Rat.

Ja, es gibt auch die Schlimmen,
Ob derer wir ergrimmen,
Und zwar mit vollem Recht.
Doch gute, brave Leute
Gabs immer, gibts auch heute,
Es war noch niemals jeder schlecht.

Nun schlaft und träumt in Frieden.
Sind wir auch ganz verschieden,
Wir wachen morgen auf.
Dann lasst uns doch versuchen,
Einander nicht zu fluchen,
Zu bessern diesen Weltenlauf.

Gut Nacht! Ich geh jetzt lesen
Von böser Mächte Wesen
In düstrer Fantasy.
Und ist das Buch zu Ende,
Dann nehm ich in die Hände
'ne schrecklich finstre Dystopie.

Wie Rosen und Lavendel
Sind solcher Bücher Händel
Vor dieser Weltenzeit,
Die stündlich uns belästigt,
Chaotisch, ungefestigt -
Die hanebüchne Wirklichkeit.

*

Gut Nacht, Ihr Bielefelder!
Schon ruhen alle Wälder,
Auch ich bin ruhbereit.
In Gnadensuhl[1] ists stille -
Da waltet Gottes Wille...
Sonst keiner wach um diese Zeit.

---

1 Bistum Gnadensuhl findet man auf facebook. Das ist
   ein hinreichender Beweis seiner Existenz.

Gut Nacht! Nur kurz ich sage
Ein letztes Wort zum Tage:
Bekehrt Euch, aber flott!
Ihr Heiden und Ihr Christen,
Ihr Was-auch-immer-isten,
Wenn Ihr es mir nicht glaubt, fragt Gott.

Lasst halten uns die Münder -
Wir sind ja alle Sünder! -
Wenn jemand Unsinn schreibt.
Solang er nicht gefährlich,
Sei'n wir im Kritteln spärlich
Und beten, daß er harmlos bleibt.

Ich schreib nicht, um zu kränken.
Hier gilt es zu bedenken:
Mein Ernst ist sehr fragil.
Ein Scherz in ernsten Dingen
Lässt manchmal mehr gelingen
Als der gemessen-ernste Stil.

Wär nicht der Herr am Walten,
Es wär nicht auszuhalten
Die Welt voll Trug und Wahn.
Ob Dummen oder Schlimmen
Nicht jammern, nicht ergrimmen:
Das ist für morgen früh mein Plan.

Gut Nacht! Das Übersetzen
Riss mich heut fast in Fetzen
Und ließ mir keine Ruh.
Die ungelösten Fragen
Will ich zu Bett nun tragen -
Schon fallen mir die Augen zu.

Vielleicht seh ich im Traume
Von Gottes Mantelsaume
Ein klitzekleines Stück,
Vielleicht im Schlaf erhellen
Sich Übersetzers Quellen -
Das wär für mich ein großes Glück.

Will jetzt nicht weiter denken.
Gott wird mir gnädig schenken,
Was mir am besten tut.
Er gibt ja, was wir brauchen!
Und wenn die Schädel rauchen,
Ist's besser, wenn man erst mal ruht.

Gut Nacht! Heut gab es Asche -
Das ist so eine Masche
Bei den Katholiban.
Das Essen war nicht wichtig -
Das finden die noch richtig!
Die sind schon ziemlich seltsam dran.

So werdens manche sehen,
Die einfach nicht verstehen
Des Christentumes Kern.
Lasst uns für sie auch beten,
Daß sie einst freudig treten
Vor Christus, unser aller Herrn.

Und wenn in eignen Reihen
Uns schwerfällt das Verzeihen,
Wenn wir verharrn im Streit,
Dann lasst uns doch bedenken,
Wohin uns Gott will lenken!
Er ist so nah – und wir so weit.

Und kann es nicht gelingen,
Dass wir in Schranken zwingen
Des Tages Zorn und Hohn,
Dann legen wir's zu Füßen
Dem Herrn, vor dem wir büßen,
Und trauen Ihm. Er macht das schon.

Gut Nacht! Ich übersetze
Zur Zeit in wilder Hetze
Den heiligen Prudenz,[2]
Den Dichter und Juristen
Und klugen, frommen Christen -
Der hält mich wach wohl bis zum Lenz.

Die Kirche hats nicht eilig,
Sie sprach ihn noch nicht heilig.
Vielleicht erscheint er noch
In christlichster Vergeltung
Und nimmt mir die Erkältung.
Wenn nicht, dann übersetz ich doch.

Ich sitz mit nasser Nase,
Such nach Begriff und Phrase
Und finde nicht ins Bett.
Prudenz, nun lass mich schlafen!
Die Sprachen, die sich trafen,
Sind morgen noch genauso nett.

---

2   siehe: Hymnarium. Lateinische Hymnen der Kirche,
    neu übersetzt. Zweisprachige Ausgabe, tredition 2016

Gut Nacht, Ihr Lieben Netten!
Schon harren unsre Betten,
Ihr Tag war ja so leer.
Meins lass ich nicht mehr warten!
Und dann gibt Traumes Garten
Vielleicht noch mehr als facebook her.

Die Kuriositäten,
Die mich am Tag umwehten,
Sind zwar schon ziemlich schrill.
Die Träume, die nun harren,
Die grellen und bizarren,
Sind schräger noch, wenn man so will.

Vielleicht auch werdens Träume
Wie rosa Zuckerschäume,
Wie Mädchens Freundschaftsbuch.
Vielleicht wird Schlaf mich stärken
Ganz traumlos, kaum zu merken.
Es kommt nur an auf den Versuch.

Gut Nacht! Wie gute Stunden
Hab heute ich gefunden,
Voll jubelndem Gebet!
Ein Tag, den Herrn zu ehren,
Kann auch nicht ewig währen -
Nun geh ich schlafen. Ist schon spät.

So übervoll mit Gnade
Find ich das nicht mal schade -
Gott schenkt den Schlaf so sacht.
Herr, lass die armen Kranken
Nun auch zu Bette schwanken,
Mach sie gesünder über Nacht.

Gib, meines Lebens Leiter,
Daß frömmer und gescheiter
Ich morgen möge sein!
Zeig auch in Deiner Gnade
Den Irrenden die Pfade
Und mach die Herzen hell und rein.

Gut Nacht! Der Welt Gestänker -
O wär es doch beim Henker! -
Schalt ich nun einfach ab,
Geh mich vor ihm verstecken
In meines Bettes Decken,
In Schlafgemaches warmes Grab.

Es bleibe mir gestohlen -
Mag ihn der Teufel holen! -
Der öffentliche Zank.
Wenn nun noch Köpfe rauchen
Und Energie verbrauchen,
Kann ich ja schlafen, Gott sei Dank.

Zwar denk ich schon seit neulich:
Das Leben ist abscheulich
Mit Krieg und Zank und Streit,
Und nichts kann mich erheben
Aus diesem Sumpf, dem Leben...
Nur Gott, der kann das. Und ist weit.

Und morgen beim Erwachen
Will ich es besser machen,
Und traun, daß Er mich liebt.
Dann will ich an dem neuen
Geschenkten Tag mich freuen
Und dankbar nehmen, was Er gibt.

Gut Nacht! Des Tages Dauer
Bracht Freude heut und Trauer
Ob Gott und Menschenkind:
Vor Ihm in Demut knien,
Vor jenem besser fliehen -
Und fürchten, daß man selber spinnt.

Wenn Staatenlenker trumpeln,
Kim und die Seinen hampeln
Und alles übt zum Mord,
Bleibt mir, zu Gott zu weinen:
Herr, komm doch zu den Deinen -
Herr Jesus, jag den Teufel fort!

Ich kann ja nicht viel machen,
Herr, nur so kleine Sachen:
Sonette und Latein.
Doch will ich alles schenken
Dem, der die Welt kann lenken.
Er gab es mir, und ich bin Sein.

Mit diesem bisschen Wissen
Leg ich mich auf mein Kissen
Zu Schlaf und Traum bereit.
Wir sind mit allen Sorgen
Zuletzt ja doch geborgen
Bei Gott in alle Ewigkeit.

Gut Nacht den Freunden allen!
Ins Bett will ich nun fallen,
Wo längst ich liegen soll.
Was heute ich gemeistert,
Hat halbwegs mich begeistert,
Nur war die Menge nicht so doll.

Um morgen mehr zu schreiben,
Darf ich nun wach nicht bleiben,
Denn wer genug nicht schlief,
Der wird den Tag versäumen!
Ich aber will nun träumen,
Und morgen bin ich kreativ.

*

Zu Bett will ich jetzt gehen.
Bis wir uns wiedersehen,
Bleibt froh in Gottes Hand.
Und morgen beim Erwachen
Horcht auf der Engel Lachen
Und nutzt das Herz und den Verstand.

Gut Nacht! Nun bin ich müde.
Die Welt, die alte, rüde,
Rutsch' mir den Buckel lang.
Sie ist so voller Morden,
Vor ihren bösen Horden
Ist mir zuweilen angst und bang.

Es haben ja die Spötter
Ersatzweis ihre Götter
Und nennen das Raison.
Doch all das Raisonnieren
Und lautes Echauffieren
Kennt doch kein Ziel und kein Pardon.

Ich will trotzdem vertrauen
In dieser Welt, der rauhen,
Auf Gottes guten Plan.
Ich kann ihn zwar nicht sehen
Und sicher nicht verstehen -
Doch hängt mein ganzes Leben dran.

Gut Nacht! Nach frohen Stunden
Des Tags wird nun befunden:
So langsam ist es Zeit!
Ich prüf jetzt mein Gewissen,
Dann gehts - husch - in die Kissen,
Denn Mitternacht ist nicht mehr weit.

Ich darf in Frieden schlafen.
Gott, gib doch sichern Hafen
Den vielen auf der Flucht!
Gib Frieden dieser Erde,
Behüte Deine Herde
Vor Krieges und vor Unheils Wucht.

Ach, wolltest Du doch schenken,
Mit Weisheit zu bedenken
Die Mächtgen über Nacht!
Sind morgen sie noch immer
Genauso oder schlimmer,
Hilf mir, zu trauen Deiner Macht.

Gut Nacht! War heut noch immer
Es besser nicht, nur schlimmer,
Mit diesem Erdenlauf,
So trag ich drob die Sorgen
Vor Gott und schlaf bis morgen!
Mal schaun, wie dann die Welt ist drauf.

Ich will nicht resignieren,
Nicht die Courage verlieren,
Will glauben an das Licht.
Doch seh ich auch: ich werde
Nicht retten diese Erde.
Zum Glücke brauch ich das auch nicht.

*

Gut Nacht! Es endet heute
Mein Tag mit Wahnsinns Beute:
Ich werde diffamiert
Von einem dummen Bazi
Und unbelehrten Nazi,
Der meinen Namen nutzt - und schmiert.

Daß er sich doch bekehre
Zu Christi guter Lehre,
Verleumdung lasse sein!
Nur leider ist wahrscheinlich
Ihm alles Gute peinlich.
Die Welt und er sind sehr gemein.

Die Welt ist voller Hammel,
Und ich hab etwas Bammel,
Daß mancher ihm das glaubt.
Hol ihn zu deinen Schafen,
Und lass mich trotzdem schlafen,
Wenn er mir Ruf und Nerven raubt.

Und wenn er so bescheuert
Zur Höllenpforte steuert
Mit seinem Rassenquark,
Herr, nimm doch diesen Pickel
Zur rechten Zeit beim Wickel,
Du bist ja gnädig und bist stark!

Ich kann ihm nicht vergeben,
Und fühl mich grade eben
Alt wie Methusalem.
Du aber kannst verzeihen
Und Weisheit ihm verleihen!
Und Frieden gib Jerusalem.

Gut Nacht! Die sonderbare
Zeit von Geburt bis Bahre
Wird nun mit Traum gefüllt.
Bis morgen darf ich ruhen
Ganz ohne was zu tuen,
In warme Decken eingehüllt.

Die Nacht, die große Pause
Der wilden Lebenssause,
Sei euch ein weiches Tuch,
Sanft über euch gebreitet
Von dem, der lenkt und leitet,
Ein blaues Bild im Lebensbuch.

Und steht die Welt auch morgen,
Hab weiter ich zu sorgen
Um täglich Brot und Lied,
Will möglichst fromm und gut sein,
Voll Freude und voll Mut sein
Auch wenn Besondres nicht geschieht.

Gut Nacht! Die Abendröte
Beschien heut tausend Nöte,
Und keine war in mir.
Ich fühl mich beinah böse:
Der Kriege Mordgetöse
Lässt mich so ruhig. Ist ja nicht hier.

Ich frag: Wie kann ich lachen,
Wenn so viel Kriege machen
So viel an Leid und Tod?
Doch könnte ja mein Weinen
Auch nicht Zerstrittne einen.
Ich steh so hilflos vor der Not.

Ach Herr, nimm Du und wandle,
Wenn ich ein bisschen handle,
Mach Du es gut und groß!
Wenn wir in Nöten ringen,
Lass gutes Werk gelingen.
Die Armen birg in Deinem Schoß.

Für Alipius Müller nach einem Unfall, bei dem er
ein blaues Auge davongetragen hatte.

Gut Nacht, Du Augustiner,
Du wilder Gottesdiener
Mit blauem Augenring!
Lass doch dies schlimme Treiben
In Zukunft lieber bleiben.
Steig nur mit Kopfschutz in den Ring.

*

Gut Nacht, Ihr lieben Christen!
Gesetzt sind Zeit und Fristen
In Tags und Jahres Lauf.
Kein Fest von den geringsten
Ist morgen: Frohe Pfingsten!
Ich hoff, Ihr steht begeistert auf.

*

Gut Nacht! Wir armen Irren
Sind durch des Tages Wirren
Nun halbwegs gut geschleift.
Eh wir uns noch verrennen,
Lasst uns nun lieber pennen!
Vielleicht sind morgen wir gereift.

Gut Nacht nun, ihr Getreuen!
Ich geh mich nun erneuen
In meinem weichen Bett.
Gesunder Schlaf mich rüste
Zu neuen Tages Küste!
Bleibt mir gewogen, gut und nett.

Steigt Sonne aus dem Bade
An neuen Tags Gestade,
Steh ich dann wieder auf.
So Gott will und wir leben,
Wolln wir nach Gutem streben
Durch eines neuen Tages Lauf.

*

Gut Nacht! Mit lautem Schalle
Fall ich nun in die Falle
Und lösche aus das Licht.
Es schlafen auch die Musen.
Mit Hypnos will ich schmusen,
Mit seinem Bruder aber nicht.

Gut Nacht! Ein sanftes Singen
Hör ich durch Gärten klingen
In froher Sonntagnacht.
Heut hat mir Gott beschieden
Haus, Garten, Kirche, Frieden.
Nun geh ich schlafen, und Er wacht.

Er möge uns behüten,
Das Gute uns vergüten,
Das Böse uns verzeihn.
Er lindre Schmerz und Sorgen!
In Ihm sind wir geborgen.
Wer Jesus kennt, ist nie allein.

*

Nach der Fußball-EM 2016

Gut Nacht! Die Portugiesen
Ham heute wohl bewiesen,
Daß sie in Fußball gut.
Dagegen die Franzosen -
Tja, das ging in die Hosen!
Ist nur ein Spiel. Habt keine Wut.

Gut Nacht! Was bleibt vom Tage,
Sei's Freude oder Plage,
Wird nun ins Bett gelegt.
Lasst uns zur Ruhe finden!
Im Schlaf die Sorgen schwinden,
Es bleibt, der unsre Lasten trägt.

Gewiss sind zwar auch morgen
Dann wieder wach die Sorgen,
Doch ist zugleich ganz klar:
Der Menschenhirt, der treue,
Hilft jeden Tag aufs Neue,
Es bleibt Sein Wort für immer wahr.

*

Gut Nacht! Des Traumes Garten
Soll länger nun nicht warten
Aufs müde Dichterhirn.
Auch dieses Tages Plagen
Darf ich vor Gott nun tragen -
Er wird in Gnaden sie entwirrn.

Gut Nacht, Ihr lieben Menschen
In diesem schönen Ländschen!
Schlaft sicher, sanft und gut!
Herr über alle Welten,
Gib Häusern wie auch Zelten,
Gib jeder Stätte Deine Hut.

Lass ruhn auch die Kanaille
Verlogener Journaille
Zumindest diese Nacht.
Vielleicht, in Traumes Reise,
Machst Du sie etwas weise.
Du hast ja Wunder schon vollbracht.

Und wenn wir morgen wachen,
Herr, hilf uns Armen Schwachen,
Du hörst ja das Geschrei.
Sei auch im Bundestage!
Befrei ihn von der Plage
Der schrillen Besserwisserei.

Gut Nacht! Trotz allem Grauen
Der Zeit darf ich vertrauen
Dem Herrn der Ewigkeit.
Wer liebt, den wird Er heben
Zu sich nach diesem Leben -
Das glaub ich, und ich bin bereit.

Es ist viel Blut vergossen,
Viel Tränen sind geflossen,
Viel Menschen umgebracht.
Doch auch in Angst und Trauer
Glaub ich: der Welt Erbauer
Hält über Seine Kirche Wacht.

Herr, führ zu gutem Ende
Die Welt, Werk Deiner Hände,
Die Kirche, Deine Braut!
Lass Teufelswerk zerfallen,
Gib Deinen Frieden allen,
Die Dich gesucht und Dir vertraut.

Gut Nacht! Ins Bett mich schmeißen,
Den Schlaf willkommen heißen,
Ist meine nächste Tat.
Denn gegen weiche Birne,
Konfuses Zeugs im Hirne,
Ist Schlaf gewiss der beste Rat.

Die Erde wird sich drehen,
Auch ohne daß wir's sehen -
Nur einer sieht und wacht!
Und wenn das Weltgetriebe
Noch heute stehenbliebe?
Dann sage ich erst recht „Gut Nacht"!

*

Gut Nacht! Schon ist verklungen,
Was mir der Tag gesungen,
Ein langes frohes Lied.
Doch die Erinnerungen
Halt ich im Traum umschlungen,
Daß keine aus dem Herzen flieht.

Gut Nacht! Das Übersetzen
Kann man zu hoch nicht schätzen
Bei Kulinarlatein.
In meiner Schulzeit hatt ick
Noch Syntax und Grammatik -
Doch dieser Dichter – eher nein.

Des Liedes zwölfte Strophe
Ist eine ziemlich doofe,
Man kann sie kaum verstehn.
Ich werd sie morgen zwingen
Und dann sie lauthals singen.
Doch jetzt will ich zu Bette gehn.

*

Gut Nacht, Ihr Hochgescheiten!
In Traumes bunte Weiten
Lass ich mich fallen nun.
Mög mein' und Eure Seelen
Heut Nacht kein Alptraum quälen!
Gott lass uns möglichst friedlich ruhn.

Gut Nacht! Ich bin so träge,
Daß ich mich jetzt schon lege
Zu Bett mit einem Buch,
Statt den PC zu quälen.
Ich kann das sehr empfehlen,
Denn zuviel Internet ist Fluch.

Will morgen früh mich regen
Zum neuen Tag voll Segen
In diesem Internet.
Braucht man's in rechten Maßen,
Ist's gut - muss man ihm lassen!
Doch besser ist jetzt wohl mein Bett.

*

Gut Nacht! Heut war das Leben
Ein geistbeschwingtes Schweben
Voll heiligem Getön!
Der schlimmen Welt Gedränge
Wird gut durch solche Klänge!
Ach - Haydns Schöpfung. Einfach schön!

Gut Nacht! Ich geh jetzt schmökern.
Wenn Mächtige verhökern
Die Wahrheit und das Recht,
Dann kann ich auch nichts machen,
Als sie getrost verlachen.
Das Buch ist gut, die Welt ist schlecht.

Die uns in alten Mæren
Schon aufgebundnen Bären
Sind lange nicht so fett
Wie diese glatten Aale
Im Bundes-Sitzungssaale.
Ich resignier und geh ins Bett.

Ach käm doch der Messias
Mit Moses und Elias
Und spräch im Parlament,
Und brächte diese Meute
Zur Umkehr Er noch heute,
Und machte allem Trug ein End'!

Doch wird an Seinem Tage
Er kommen, keine Frage,
Ich muss dazu nichts tun.
So will ich nun bescheiden
An einem Buch mich weiden
Und dann mit Gottes Segen ruhn.

Gut Nacht! Zufrieden waren
Mit mir die Hörerscharen.
Nun leg ich mich zur Ruh
Auf meinen Lorbeerzweigen
Und darf bis morgen schweigen,
Mach Buch, PC und Augen zu.

*

Gut Nacht! Ich will mitnichten
Noch was zusammendichten,
Doch ist's halt Tradition.
Es rechnen damit alle!
Na gut - in diesem Falle:
Schlaft gut und sanft. Ich schreib ja schon!

*

Gut Nacht! Nach den Gebeten,
Die Heilgen Geist erflehten,
Will Er zu Bett mich wehn.
Ich hoffe, morgen weist Er
Den Weg zum großen Meister!
Nun aber darf ich schlafen gehn.

Gut Nacht! Ich geh zu Bette,
Was doch die beste Stätte
Für müde Dichter bleibt.
Will noch ein bißchen beten
Und dann ins Traumreich treten,
Bis mich der Wecker draus vertreibt.

Ich hab von schrecklich vielen
Und hehren Dichterzielen
Nicht eines heut erreicht.
Vielleicht kann ich ja morgen
Nobelpreis mir besorgen,
Was andres Nettes auch vielleicht.

Und wird es nichts mit Preisen,
Wird mir der Herrgott weisen
Ein andres Tagesziel,
Zum Beispiel: Einfach schreiben
Und möglichst freundlich bleiben.
Das wäre eigentlich schon viel.

Gut Nacht! Ich armer Dichter
Bin heut mein eigner Richter -
Zu lang war ich zu träg!
Ich brauch noch sieben Seiten
Und muss mich vorbereiten,
Und überall steht was im Weg.

Ach Gott, hilf doch mir Armen -
Du bist ja voll Erbarmen! -
Und gib mir Energie,
Die kurze Zeit zu nutzen
Zum Schreiben, Backen, Putzen...
Muss alles gehn. Du weißt schon, wie.

Mach mich im Schlaf gelassen,
Lass morgen mich erfassen,
Was heute nicht mehr geht.
Lass mich doch werden fündig
Der Worte, klar und bündig,
Die jeder Hörer gut versteht.

Herr, lass mich redlich bleiben,
Gib Witz und Mut zum Schreiben
Und etwas Sachverstand.
Nun will in Deinem Namen
Ich schlafen gehen. Amen.
Behüte Haus und Kopf und Hand.

Gut Nacht! Längst ist verklungen,
Was heute ich gesungen,
Gehört und selbst gesagt.
Des Sonntags fromme Stunden
Sind nun dahingeschwunden.
Nun will ich schlafen, bis es tagt.

Was für ein schönes Leben
Hat Gott uns doch gegeben!
Lasst uns nun dankbar sein,
In Internettes Weiten
Nicht hadern und nicht streiten.
Sprecht ein Gebet und dann schlaft ein.

Könnt ihr den Schlaf nicht finden,
So mögt Ihr euch verbinden
Im facebook-Gruppen-Plausch
Als Meister und Adepten
Mit Katzen und Rezepten,
Zitaten, Hunden, Blütenrausch.

Doch hütet Euch, Ihr Lieben -
Schnell wird ja übertrieben
Im Land von Zuckerberg.
Glaubt mir: Im Land der Träume
Sind weitere, schönre Räume,
Und Schlaf gibt Kraft zum Tagewerk!

Der Schlaf kann Kummer lindern
Und die Borniertheit mindern,
Er macht das Denken weit.
Nach diesen weisen Worten
Will ich mein Bett nun orten,
Denn es ist wirklich an der Zeit.

*

Gut Nacht! Am frühen Abend
Genug vom Tag schon habend,
Hab ich mich ausgeschirrt.
Der Tag war ziemlich heftig.
Ich bin nicht mehr sehr kräftig.
Mal schaun, ob Montag leichter wird.

*

Gut Nacht! In Seiner Güte
Uns Gott der Herr behüte
Vor Doofheit und vor Not,
Vor Räubern und Dämonen.
Er lass uns sicher wohnen,
Geb guten Schlaf und sel'gen Tod.

Gut Nacht! Schon muss ich Gähnen.
Lasst mich nur noch erwähnen:
Der Tag war Goldes wert!
Doch nun ist er vergangen,
Zum Bett steht mein Verlangen.
Schlaft Ihr auch sanft und unbeschwert.

*

Gut Nacht! Ich schließ die Augen,
Da sie so spät nicht taugen
Zum Lesen und Verstehn.
Der Tag war so voll Segen
Wie voll Novemberregen -
Nun darf ich fröhlich schlafen gehn.

*

Gut Nacht! So voll von Jubel
Schließ ich des Tages Trubel,
Schlaf in das neue Jahr!
Ja, Neues wird es bringen!
Will morgen davon singen.
Amen. Das heißt: Es werde wahr.

Gut Nacht! Was Medien schwurbeln,
Gefühle anzukurbeln,
Ist letztlich ziemlich wurst.
Es geht ja doch am Ende
In dieser Welt Gelände
Um anderes als Macht und Durst.

Zum Beispiel geht zur Stunde
Vielleicht wer vor die Hunde.
Ich geh zu Bette nun.
Die Zeit geht einfach weiter.
Nur aller Welten Leiter
Geht nie. Wir dürfen in Ihm ruhn.

Gut Nacht, ihr Kritikaster!
Ich will des Schreibens Laster
Auch heut nicht lassen ruhn.
Ihr müsst mich ja nicht lesen.
(Ist es so recht gewesen?)
Ich schreibe, kann nichts andres tun.

Die Musen, die mit Tücken
Mir auf die Pelle rücken,
Sind an der Schreibwut schuld.
Dagegen hilft kein Impfen,
Viel weniger noch Schimpfen.
Am besten tragt ihr's mit Geduld.

*

Gut Nacht! Der Tag muss weichen,
Und war doch ohne Gleichen,
An reiner Freude reich.
Ich will ihm noch mal winken
Und dann aufs Lager sinken
Und schlafen, einer Fürstin gleich.

Die folgenden Verse steuert Michael Haupt aus Potsdam bei. Er stellt sie unter den Titel

Nocturnale

Es ist nun Zeit zu poofen.
Hinfort! mit all dem doofen
Genöle und Gebrüll,
Das mir an manchen Tagen
Auf meinen lieben Magen
Und aufs Gemüte schlagen will.

*

Gut' Nacht. Es reicht. Ich gehe
Zu Bett. Das Wohl und Wehe
Der Welt ist nun egal.
Die Tränen sind geweinet,
Und das Gewese scheinet
Unendlich klein und arg banal.

Du gehst und kommst nicht wieder,
Liegst lebenssatt darnieder,
Dass ich beinah verzag.
Du kannst es ja nicht wissen:
Ich werde dich vermissen,
Du lieber, wunderschöner Tag.

*

Dem Dilettantendichter
Gerät die Arbeit schlichter,
Kriegt er zu wenig Schlaf.
Kaffee verheißt der Morgen,
Und neue Schreibesorgen.
So leg ich mich zur Ruhe brav.

*

Eins darfst du nicht vergessen:
Zu streben ist vermessen,
Tut man davon zu viel.
Mit jedem Besenstriche
Schaffst du das Eigentliche.
Es reicht, hast du ein nahes Ziel.

Es ist drei Uhr am Morgen:
Das ist die Zeit der Sorgen,
Die Schwarzgedankenzeit.
Trost find ich im Gebete,
Darin ich alle Nöte
Auf Einen werfe, der nicht weit.

*

An diesem Tag, dem alten,
Soll nun das Dunkel walten
In mir und um mich her.
Ich lass die Träume kommen:
Sie sollen bald mir frommen
Mal licht und hell, mal gram und schwer.

*

Computer sind bescheuert.
Wenn man vor Frust bald reihert,
Dann lachen sie noch fies.
Doch leider sind die Teile,
Auch wenn ich sie nicht peile,
Mein Broterwerb. Ist das nicht mies?

Nun sinkt die Nacht hernieder,
Und meine müden Glieder
Ziehn mich brachial zur Ruh.
Sie wollen Schlaf und weisen
Mich an, sie reich zu speisen
Mit Träumen, was ich gerne tu.

*

Sei zu dir selber gnädig.
Wärst du der Fehler ledig,
So wärest du kein Mensch.
Wer nie fehlt, ist ein Monstrum,
Tot, oder einfach strunzdumm.
Sag bloß nicht, dass du so wen kennsch.

*

Nacht hat den Tag im Griffe.
Nun legen alle Schiffe
Der Helle ab vom Kai.
Sie fahren fort ins Dunkel,
Und unter Sterngefunkel
Solln ankern sie, wo Friede sei.

und zuletzt...

Gut Nacht! Ich hab geschrieben
Viel mehr noch, meine Lieben,
Für Euch und alle Welt.
Wollt Ihr euch das nicht kaufen?
Ihr braucht nicht weit zu laufen,
Es kostet auch nicht so viel Geld.

Nur selten sind Autoren
Zum großen Geld erkoren,
Doch leben wolln sie auch.
Nun macht nicht so ein Wesen,
Ihr wollt doch selber lesen!
Kauft Bücher. Wärmt mir Herz und Bauch.

Ihr werdets nicht bereuen!
Vor diesen Büchern scheuen
Die Klugen nicht zurück.
Mein Werk vor seiner Nase
Und edlen Wein im Glase
Ist jeder disponiert fürs Glück.

Von Claudia Sperlich ebenfalls erschienen:
Zyklische Sonette, tredition 2016, 112 S.

Hymnarium. Lateinische Hymnen der Kirche neu übersetzt. Zweisprachige Ausgabe, tredition 2016, 124 S.

Archipoeta – Der Erzdichter, tredition 2016, 120 S.

Lass mich bekennen Deine Mandelblüte. Gedichte. Einband und Illustrationen: Doris Kollmann, tredition 2015, 120 S.

René Rapin: Hortorum Libri IV. Die Gärten – Gedicht in vier Büchern. Textkritische Ausgabe und Übersetzung, Kommentar und Quellenedition: Clemens Alexander Wimmer, Übersetzung: Claudia Sperlich, VDG Stuttgart 2012

Mein privates Weblog:
https://katholischlogisch.wordpress.com/

Meine Buchblogs:
http://zyklischesonette.wordpress.com/
https://archipoetablog.wordpress.com/
https://argonautenblog.wordpress.com/
https://hymnariumblog.wordpress.com/
https://mandelbluetenblog.wordpress.com/

Meine Übersetzerseite:
http://uebersetzung-latein.jimdo.com/